LE TRÉSOR
DE LA CATHÉDRALE
DE BÉNÉVENT

PAR

Mgr X. BARBIER DE MONTAULT

Prélat de la Maison de Sa Sainteté.

Extrait de la *Revue de l'Art chrétien*, IIe série, tome X.

ARRAS

IMPRIMERIE DE LA SOCIÉTÉ DU PAS-DE-CALAIS

rue d'Amiens, 51 et [illegible]

1879

LE TRÉSOR

DE LA CATHÉDRALE DE BÉNÉVENT

PAR

Mgr X. BARBIER DE MONTAULT

Prélat de la Maison de Sa Sainteté.

Extrait de la *Revue de l'Art chrétien*, IIe série, tome X

ARRAS

IMPRIMERIE DE LA SOCIÉTÉ DU PAS-DE-CALAIS

rue d'Amiens, 41 et 43

1879

LE TRÉSOR

DE LA CATHÉDRALE DE BÉNÉVENT

I.

Les cathédrales d'Italie, quoique dépouillées plus d'une fois par la mode qui renouvelle et par la révolution qui confisque les objets, ont encore presque toutes un trésor : sans doute, ce n'est plus que l'ombre des richesses du passé, mais il en reste encore assez pour attirer l'attention du visiteur.

Un des trésors les plus importants et les plus renommés de l'Etat pontifical, était sans contredit celui de la métropole de Bénévent. Il devait son éclat incomparable et sa réputation justement méritée aux choses précieuses qu'il conservait : les unes étaient réellement très-anciennes, quoique un peu surfaites probablement quant à la date ; les autres, bien que modernes, attestaient le zèle du cardinal Orsini [1] et la munificence de Benoît XIII qui, archevêque et pape,

[1] Le cardinal Orsini rendit un décret synodal pour attester que sa métropole s'était enrichie par ses soins de vases, ornements et ustensiles pour le culte divin : « Ad divina in ecclesia nostrâ metropolitana, ut decet, celebranda mysteria, etsi non pro majestate, pro viribus saltem a Deo præstitis, universam vasorum, vestium aliorumque utensilium paravimus supellectilem. » (*Synodicon diœcesanum*, Bénévent, 1723, in-folio, p. 181.)

Après avoir réparé et consacré sa cathédrale, en 1692, le même cardinal lui assigna pour dotation une rente annuelle de soixante-dix-neuf ducats : « Basilicam hanc metropolitanam, sponsam nostram charissimam, amore prosequimur... eamdem ecclesiam, a primo lapide sine dote fundatam et inde temporibus nostris qua vetustate deformem, qua terræmotuum casibus labefactam, ter a paupertate nostra. . majori ex parte funditus restitutam et undequaque refectam et ornatam atque sanctificationis oleo solemniter delibutam,... annuis ducatis novem et septuaginta æris nostri dotavimus, uberiora posthac, si Deus dederit, collaturi. » (*Synod. diœces.*, p. 120.)

ne négligea pas un seul instant les intérêts de sa chère métropole dont il voulut garder le titre jusque sur le siége pontifical, comme l'a fait récemment Léon XIII pour l'église de Pérouse.

Il existe de ce trésor, considérable en dons précieux et de valeur, un inventaire fort détaillé, qui date précisément de cette époque glorieuse pour l'art et pour l'histoire. C'est le seul document de ce genre que possèdent les archives métropolitaines, les autres ayant péri dans les tremblements de terre répétés qui ont accumulé tant de ruines à Bénévent. Malheureusement il est rédigé en italien : pour le publier en France, il faudrait en faire préalablement la traduction. J'ai reculé devant ce labeur immense, d'autant plus qu'il eût fallu l'allonger d'un commentaire. S'il eût été en latin, je n'aurais pas hésité un instant à le reproduire *in extenso*, pour compléter la série si curieuse des nombreux inventaires déjà édités. J'espère bien que le chanoine Feuli, à qui je l'ai instamment recommandé, ne négligera pas une si belle occasion de le donner aux lecteurs du *Bulletino ecclesiastico*. On ne doit pas laisser enfouis dans l'obscurité des casiers des renseignements si utiles aux archéologues et aux liturgistes.

Je ne ferai que deux emprunts à l'inventaire de Bénévent, l'un parce qu'il concerne la manne (phénomène qui se constate encore de nos jours à Bari pour le corps de S. Nicolas), l'autre parce qu'il se réfère à un évêque français :

« Une cassette d'argent doré,... dans laquelle, en trois compartiments, on conserve trois ampoules de cristal de roche, pleines de la manne de S. Volturga. » Le scripteur a-t-il bien transcrit et ne faudrait-il pas lire *Ste Walburge ?* L'erreur tient à si peu de chose qu'elle est excusable pour un nom étranger italianisé.

« Un reliquaire d'argent ciselé, dans lequel est un fragment de la cuisse de S. Trophime, évêque d'Arles : il coûte en monnaie romaine 51 écus », c'est-à-dire, sans tenir compte de la différence des valeurs, 272 fr. 85 c.

Dans la nuit du 20 janvier 1799, le général français Duhesmes enleva au trésor une certaine quantité d'argenterie, sans doute pour parer aux besoins du moment et la convertir en monnaie, car j'ai peine à croire à un vol ayant pour but d'enrichir le spoliateur. Quoi qu'il en soit, la voix publique rapporte que le butin fut emporté hors les murs de la ville, à quelque distance dans la campagne. Les habitants de Bénévent ayant eu connaissance du méfait, s'armèrent et coururent après les voleurs qu'ils eurent la chance de rattraper. Des coups de fusil furent échangés, les Français prirent la fuite et le trésor resta aux mains des vainqueurs qui n'en furent pas plus généreux pour cela, car, pour des raisons qu'on ignore, il ne fut jamais restitué à l'église dépouillée.

De cette iniquité il ne reste actuellement d'autre trace qu'un procès-verbal rédigé par le chapitre et qui mériterait, lui aussi, les honneurs de l'impression, en raison de sa bonne et minutieuse description. Qu'on en juge par ces extraits :

« Un brûle-parfums (*profumiera*) d'argent, représentant le mont Vésuve. » Certes voilà une idée originale et qui ne peut éclore que dans le pays de Naples ! Faire lancer des flots d'encens à un volcan, dont on a le type sous les yeux, c'est à la fois neuf et hardi : le mont terrible qui tant de fois vomit la mort, est obligé de louer Dieu comme la plus humble des créatures [1]. J'estime que ce vase servait aux bénédictions de cloches qui réclament plus d'aromates que n'en peut contenir d'ordinaire l'encensoir même le plus vaste [2].

« Un calice et patène d'argent doré, travaillé à la chinoise [3]. » Le

[1] « Benedicite, ignis et æstus, Domino. » (*Cant. tr. pueror.*)

[2] « Thymiama, thus, myrrha et thuribulum cum igne. » (*Pontif. Rom.*) — « Tum sedet pontifex, et, accepta mitra, imponit in thuribulo thymiama, thus et myrrham, si haberi possunt, alioquin quæ ex ipsis habentur : quibus impositis, thuribulum ipsum supponitur campanæ seu signo ut totum fumum recipiat. » (*Ibid.*)

« Myrrha, incensum, laser, styrax atque hujusmodi gummæ odore satis tritæ, quibus efficitur *thymiama*, in lance cum cochleari majore..... Interim clericus unus in promptu habebit *thymiama* sive odores et alter foculum cum igne ardenti. Pontificale præscribit ut campanæ supponatur thuribulum. In praxi autem cognoscitur id fieri non posse propter thuribuli parvitatem ; idcirco substituitur foculus qui potest in officio actuali vocari etiam thuribulum seu vas cum igne ubi ardeat incensum Episcopo, lotis manibus, præsentabitur foculus et diaconus porriget ei cochleare cum lance thymiamatis Episcopus injiciet illud super ignem et clericus immediate collocabit focum fumantem in scabello et subter campanam ponet ita ut fumum totum recipiat. » (Martinucci, *Man. sacr. cærem.*, lib. VII, p. 393, 397.)

[3] Cette expression ne doit pas trop nous surprendre, car elle avait aussi cours en France. Ainsi, dans un inventaire de 1796, le coffret peint de la cathédrale de Namur, qui est du XIIe siècle, est spécifié « boite peinte à la chinoise », quoiqu'il

goût de l'époque était, en effet, aux chinoiseries, importées par le commerce. Le trésor de la basilique de Saint-Pierre, à Rome, possède un magnifique ornement brodé en Chine [1] et, sous Benoît XIV et Clément XIV, le palais du Quirinal fut orné, dans deux salles, de hauts vases en porcelaine du Japon, montés sur des piédestaux dorés [2].

« Un calice et patène d'or, à pied d'argent fondu (*a getto*); dans le nœud est la cène des 12 apôtres. » On attribuait à ce calice une origine invraisemblable : on estimait qu'il avait été fait avec l'or de l'idole, en forme de vipère, adorée par les Bénéventains, au VIIe siècle ; c'est pourquoi B. Barbato a la vipère pour attribut. Quant au nœud, il indique une époque bien différente. Ces nœuds à jour sont communs dans le Napolitain, où se cultivait surtout cette ornementation capricieuse : j'en ai signalé d'autres spécimens à l'exposition de Rome, en 1870. Représenter la dernière cène dans un si petit espace était véritablement un tour de force. On regrette la disparition de telles œuvres qui intéressent à la fois l'art et l'archéologie.

« Trois vases liés ensemble en forme d'aigle, avec divers travaux, pour les saintes huiles. » L'aspect pouvait être étrange, cependant l'intention de l'artiste n'était pas à mépriser. Le Moyen-Age affectionnait le plus noble des oiseaux et il en ornait volontiers des vases oblongs [3]. Ces trois ampoules juxtaposées devaient produire grand

n'y ait rien de moins chinois que cette peinture. (*Rev. des Soc. sav.*, 6e sér., t. IV, p. 115.)

[1] *Les Souterrains et le Trésor de Saint-Pierre, à Rome*, p. 56.

[2] *Les Musées et Galeries de Rome*, p. 76, 77.

[3] Le Moyen-Age, qui a plus d'un rapport avec les traditions de l'Italie, donnait un soin particulier à la confection des *chrémeaux* ou vases aux saintes huiles. Je vais en citer plusieurs exemples d'après le *Cartulaire de N.-D. de Paris*, publié par Guérard :

Eudes de Sully, évêque de Paris, qui mourut le 13 juillet 1208, légua à sa cathédrale un vase de cristal pour renfermer le saint chrême : « Dedit etiam..... balsamum cum cristallo. » (T. IV, p. 108.)

Le 1er avril 1248, mourut Guillaume d'Auvergne, évêque de Paris, qui donna à sa cathédrale des fioles d'argent pour mettre le saint chrême : « Phyalas argenteas in quibus reponitur crisma, et etiam alia duo vasa cum crismate. » (T. IV, p. 39.)

Etienne Tempier, évêque de Paris, qui siégea de 1268 à 1279, légua à sa cathédrale deux vases d'argent pour les saintes huiles : « Unum vas argenteum in quo effet entre les serres de l'aigle qui déployait autour d'elles ses larges ailes et les protégeait de son bec puissant [1].

On le voit à ces citations écourtées, l'art savait tout embellir ; il ne copiait pas servilement des types démodés, il avait le talent d'en créer de nouveaux, allant de l'avant dans une voie qu'il avait la hardiesse de se frayer lui-même.

Le butin comprenait des statues, des chandeliers, des burettes, des bassins, etc., en tout 134 livres d'argent. La note du chapitre mentionne entre autres les six chandeliers d'argent doré du maître-autel [2] et une croix pectorale, donnée par le roi de Sardaigne à Benoît XIII. Quel contraste ! le descendant de ce roi pieux, en vendant les biens des églises, empêche à tout jamais les trésors de se reconstituer et, au lieu d'offrir des présents au Saint-Père, il le dépouille audacieusement des dons mêmes de la catholicité.

ponuntur sanctum crisma et oleum sanctum. » — « Item unum vas argenteum in quo ponitur sanctum crisma. » (T. I, p. 5.)

Le même évêque ajouta à ce double présent un petit écrin avec un vase d'argent pour mettre le saint chrême : « Item parvum scrinium cum vase argenti, in quo reponitur crisma. » (T. IV, p. 178.)

Louis de Beaumont, évêque de Paris, mort le 4 juillet 1492, laissa à sa cathédrale « ung cresmeau à troys tournelles, dont le pié est en façon de boette pour mettre pain à chanter... tout d'argent doré et armoyé aux armes dudict défunt », plus un autre « cresmeau ». (T. IV, p. 102.)

[1] V. dans le *Dictionnaire du mobilier* de Viollet-le-Duc, t. I, p. 224, un vase de porphyre que soutient un aigle de vermeil ; il date du XIIe siècle et provient de l'abbaye de Saint-Denis. On le voit actuellement au musée du Louvre.

[2] Les statuts capitulaires portent cet article qui montre que pour l'office solennel on faisait une distinction, relativement aux chandeliers, entre l'archevêque et les dignitaires : « Quand les dignités ou le doyen des chanoines chantent, on allumera six cierges sur six chandeliers d'argent à matines, à laudes, à la messe, aux premières et secondes vêpres et à toutes les petites heures, aux fêtes de Noël, de Pâques, de l'Assomption, de l'Annonciation, à la fête principale de S. Barthélémy et pendant son octave et aux deux translations dudit saint..... Quand un chanoine chantera, on emploiera six cierges avec six chandeliers d'argent, à la fête de la translation de S. Barthélemy, apôtre de l'Inde à l'île de Lipari, et dans l'octave de cet apôtre. » (*Synodicon*, p. 7.)

En 1690, on expédia de Rome à Viterbe « quatre chandeliers d'autel avec croix à pied et six vases, le tout d'argent », et, en 1741, à Tolfa, « six chandeliers d'argent pour le service de l'autel du Saint-Sacrement de l'église de ladite terre ». (*Archivio storico di Roma*, t. I, p. 182, 188.)

II.

J'ai vérifié, l'inventaire à la main, les objets qui ont survécu à la révolution ; je suis ainsi certain de leur authenticité, révélée également par le style, les armoiries et les inscriptions. Même mutilé, ce trésor est encore fort beau. Il occupe, derrière l'abside, un étage au-dessus de la sacristie, une grande salle rectangulaire dont les armoires regorgent, comme si rien n'avait été enlevé.

Je partagerai le tout en plusieurs catégories : les reliquaires, l'orfèvrerie, les ornements, les livres, l'eau bénite de l'Epiphanie et les saintes reliques.

1. Un reliquaire d'argent, aux armes de Benoît XIII [1], renfermant l'os de la cuisse de S. Saturnin, que l'inscription désigne ainsi : *Ex coxa S. Saturnini.* Ce S. Saturnin est-il l'évêque de Toulouse? Quoique rien ne l'indique, l'attribution est possible en raison de la célébrité du martyr, inscrit dans le martyrologe et au bréviaire romain [2]. Mais je crois plutôt qu'il s'agit du martyr de Capoue, dont la fête se célèbre le 6 octobre.

2. Un bras de S. Barbato, dans un bras entouré d'une couronne de roses : la main tient la vipère traditionnelle. Ce beau reliquaire est un don de Mgr Foppa, qui occupa le siége de Bénévent de 1643 à 1673.

3. La mitre de S. Antonin, évêque de Florence, mort en 1459. Sa hauteur est de 0,40 c., sa largeur de 0,26 ; la largeur des fanons est

[1] L'*Effemeride* enregistre, en 1725, un magnifique présent qui n'existe plus : « Une urne en or massif, contenant une insigne relique de S. Jean, évêque de Drahù en Dalmatie, qui florit en l'an IIII et sortit de l'excellentissime maison Orsini. Cette urne fut envoyée en don à Sa Sainteté par le sérénissime Sénat de Venise et présentée par les mains de l'ambassadeur ordinaire. On ne l'estime pas moins de trois mille écus romains. » (Bénévent, 1725, in-8°, p. 24-25.)

Le cardinal Orsini a dédié, dans sa métropole, un autel aux saints de sa famille.

[2] Le *Martyrologe* compte jusqu'à vingt-six saints du nom de Saturnin. Le *Bréviaire* fait mémoire de S. Saturnin de Toulouse au 29 novembre.

Le catalogue officiel des reliques de la métropole, publié par le cardinal Orsini, contient cet article sous le n° 150 : « Saturnino mart., un pezzo d'osso della coscia, in ostensorio nobile d'argento, n° 45 ». Ce second chiffre indique le classement du reliquaire dans l'armoire aux saintes reliques.

de 0,075 mill. L'étoffe est une toile d'argent, bordée d'un étroit galon d'or. Si l'on en croit l'étiquette, ce serait la mitre dont l'illustre évêque se servait dans ses visites pastorales. J'ai peine à admettre son authenticité. La matière, pour cette époque, me semble au moins fort douteuse, car la toile d'argent unie passe pour plus récente, en tant qu'affectée à la mitre épiscopale : de la sorte, elle est, liturgiquement, la mitre que porte le pape en temps de pénitence et de deuil. Sans nier formellement de ce chef, je suis du moins autorisé à élever un doute, surtout quand j'examine les proportions qui, au XVe siècle, étaient encore beaucoup moindres. J'estimerais donc que c'est une mitre qui, à une époque postérieure, a dû parer le corps saint dans sa châsse [1].

Le cardinal Orsini était, comme S. Antonin, de l'ordre des Frères prêcheurs. Il a pu l'avoir par eux et par eux recueillir la tradition, qui demande toutefois qu'on la discute sérieusement avant qu'on l'admette.

4. Billet en italien, signé de la main de S. Pie V, ordonnant qu'on verse mille écus (plus de cinq mille francs) au maître du sacré palais pour l'aider dans l'impression des œuvres de S. Thomas d'Aquin. « Al M^{ro} del Sacro Palazzo scuti mille di moneta, à conto delle spese che gli converra fare nel stampare l'opera del beato Thomasso d'Aquino.

« Pius pp V^s »

5. Tableau en argent, aux armes de Benoît XIII et daté de 1729. Il renferme un linge imbibé de sang. Si mes souvenirs sont exacts, ce doit être du sang de S. Philippe Néri [2] pour lequel le pieux pontife avait une si grande dévotion, car il lui avait, de son vivant, prédit l'épiscopat et, après sa mort, il l'avait sauvé miraculeusement des ruines de son palais renversé par un tremblement de terre.

6. Reliquaire aux mêmes armes : un ange tient la capse dans

[1] Le catalogue ne parle pas de la mitre, mais seulement d'un fragment d'ossement, d'un morceau de *cappa* et « d'une lettre originale écrite par le saint archevêque à un religieux bénédictin de la congrégation de Ste-Justine de Padoue ».

[2] Le catalogue inscrit, sous le n° 69 : « Un os et de la toile avec du sang, dans une monstrance d'argent ciselé. » — « Un morceau de toile imbibé de son sang, dans une cassette de bois, fermée de trois vitres, sous une tête de cire faite sur le masque en plâtre moulé sur le visage du saint. »

laquelle est un morceau du linge avec lequel Jésus-Christ lava les pieds des apôtres. Ce fragment est en soie, ce qui rend son origine très-suspecte. Le fond est blanc : à deux raies noires succède une raie rouge, puis vient un large dessin en or. Il est bien probable que cette étoffe est byzantine.

7. Une colonne, plaquée de lapis-lazzuli ; l'inventaire l'estime 150 écus (787 fr. 50). Elle est surmontée d'une statuette de la Vierge, les bras tendus et la tête couronnée d'étoiles. Un fragment de son voile repose sur sa poitrine. Le reliquaire est dédié par ces deux hexamètres :

Stat moles hæc, Virgo, tibi : centumq. Sabæo
Thure calent æræ sertisque beantibus halant.

8. *Agnus* consacré par S. Pie V, à ses armes et à l'effigie de deux saints, tenu par un ange dans un médaillon ; don du cardinal Finy en 1728.

9. Un anneau d'or, pour les offices pontificaux, dans lequel est de la *cire* de S. Pie V, c'est-à-dire d'un *agnus* consacré par ce pape. Don de Benoît XIII, comme l'atteste cet article de l'inventaire : « Un anneau d'or avec cire de S. Pie V; nous le tenons de Sa Sainteté. »

III.

Cet anneau me conduit naturellement à la joaillerie, représentée par quelques beaux spécimens.

10. Croix en or pour la messe pontificale. Elle est rehaussée de cinq émeraudes et de sept diamants. Au milieu est un Nom de Jésus, IHS, peint sur émail bleu ; le revers offre une rose, par allusion aux armes du cardinal Orsini, qui en fut le donataire, et des feuillages en relief et émaillés. Trois petites boules en filigrane donnent de la grâce aux extrémités : en Italie, on a toujours beaucoup aimé les croix pommetées, et l'usage s'en maintient encore.

11. La croix, dite du duc de Gravina, est aussi un présent du cardinal Orsini, qui la tenait de sa famille, peut-être de son père qui porta ce titre. Elle est en or, serti d'émeraudes. Il existe, à la

sacristie de la chapelle Sixtine, une croix analogue qui est destinée aux pontificaux du pape [1].

12. Petite croix pectorale, garnie de cristal de roche : au revers, des feuillages noirs se détachent sur un fond d'émail blanc. Sa provenance n'est pas indiquée, mais on peut la reporter à l'épiscopat du cardinal Orsini. Du même temps est aussi une croix plaquée de cristaux dans le trésor de la Sixtine [2].

13. Voici deux pectoraux de chape. L'un servit au cardinal Orsini, à qui il fut offert par les oratoriens de Naples. Il est en argent ciselé : les reliefs dorés sont encore avivés par des améthystes, des topazes et des émeraudes.

14. L'autre pectoral porte les armes de l'archevêque Cenci : au milieu de têtes d'anges brillent des rubis, des émeraudes et des grenats, ce qui lui donne un aspect très riche. Le pectoral n'appartient qu'aux évêques [3] — le *Cérémonial* l'interdit aux simples prêtres [4] — et ceux qui sont employés aux solennités se recommandent toujours par leur luxe. Les anciens pectoraux étant rares, je ne puis omettre ici celui que Benoît XIII fit faire pour la Sixtine et qui est aussi riche qu'élégant [5].

15. Trois épingles de pallium, dont la tête, où brille une pierre précieuse, est entourée de brillants [6]. Ces pierres sont un rubis,

[1] *Les Mus. et Gal. de Rome*, p. 101.

[2] *Ibid.*

[3] « Pluviale cum pectorali in conjunctura illius. » (*Cærem. Episc.*, lib. II, cap. I, n. 4.)

[4] Le *Cérémonial des Évêques* dit du prêtre assistant : « Pluviale tempori congruum, sine tamen formalio ad pectus. » (*Ibid.*, lib. I, cap. VII, n. 1.)

[5] *Les Mus. et Gal. de Rome*, p. 101-102.

[6] « Trium spinularum gemmatarum. » (*Cærem. Episc.*, lib. I, cap. XVI, n. 5.) — Guillaume Durand, dans son *Rational des divins offices*, liv. III, ch. 17, précise la position des épingles sur le pallium et leur signification symbolique : « Tres autem acus in pallio infiguntur, scilicet ante pectus et super sinistrum humerum et post tergum ; non ad pungendum, id est non propter hujus vitæ punctione, sed ad planetam palliumque jungendum sunt inventæ. Unde quædam insulæ antiquitus in planetis positæ erant, quibus acus inferebantur ; et pallium simul cum planeta firmabant, nea suo loco pallium moveretur. Possumus tamen per tres acus, fidem, spem et charitatem intelligere, sine quibus pallium ab episcopo rite teneri non potest..... Acus vero aurea esse debet, sed inferius est acuta et superius rotunda, lapidem continens pretiosum, quia nimirum bonus

une émeraude et un saphir, pour symboliser les trois vertus théologales. Le rubis est rouge, car la charité est vive, ardente, embrasée de l'amour de Dieu et du prochain. L'émeraude verte fait penser, selon la tradition du Moyen-Age, à la vigueur de sève et à la verdeur de la foi. Enfin l'espérance, qui n'a d'aspiration que pour le ciel, retrouve dans le saphir [1] la couleur bleue du firmament [2].

IV.

Les pièces d'argenterie ont bien quelque mérite.

16. L'urne, dans laquelle se conserve la sainte hostie le Jeudi-Saint, est toute en argent et de forme particulière. Elle date de 1712 et est travaillée au repoussé. Taillée à pans, elle est portée sur un pied bas, évasée et terminée par un couvercle peu élevé qui, par ses angles, se raccorde avec les panneaux inférieurs. Rome décore avec beaucoup de soin cette urne qui ne doit pas ressembler à un tabernacle.

17. En Italie, les tabernacles sont faits généralement de matières diverses, bois, marbre, pierres précieuses, bronze. Le cardinal Orsini en légua un d'argent à sa métropole en 1730. Je ne sais si je dois

pastor propter curam ovium in terris affligitur, sed in cœlis coronabitur ubi illam pretiosam margaritam habebit, de qua Dominus inquit in evangelio... »

[1] Qu'on relise attentivement ce passage des *Nombres* (XV, 38, 39) et l'on comprendra la haute signification du bleu appliqué à l'espérance : « Loquere filiis Israel, et dices ad eos ut faciant sibi fimbrias per angulos palliorum, ponentes in eis vittas hyacinthinas : quas cum viderint, recordentur omnium mandatorum Domini, nec sequantur cogitationes suas et oculos per res varias fornicantes. »

[2] Les trois couleurs, blanc, rouge, vert, se retrouvent au XVIe siècle aux trois plumes que Léon X avait prises pour emblème : le blanc représentait la foi, qui est pure et chaste, comme dit Dante; la charité était figurée par le rouge, et l'espérance avait adopté le vert, symbole du printemps. Quelque chose d'analogue existait en France. Au siège de Pontoise, en 1589, les laquais de Henri IV étaient vêtus de rouge, de blanc et de bleu. Les trois mêmes couleurs se retrouvent sur un extrait de comptes de 1591. En 1598, pour l'entrée du roi à Rennes, la ville est pavoisée d' « ensaignes de taffetas gris-blanc, incarnat et vert, coulleurs du Roy ». Enfin, son drapeau était tricolore par bandes verticales rouges, blanches et bleues, (*Rev. des Soc. sav.*, 6e sér., t. IV, p. 185.)

plus admirer le travail que la matière, l'un et l'autre s'associant et rivalisant pour produire un vrai monumentartistique. Huit colonnes entourent le coffre que surmonte une coupole; sur la porte, la Cène se détache en relief puissant et, au dessus, la colombe divine étend ses ailes protectrices, comme pour attester que la chair du Fils de Dieu vivant dans l'hostie est bien la même que celle que fit concevoir dans le sein de Marie son opération féconde.

18. Un tabernacle d'argent constitue un luxe réel. Aussi toutes les églises n'étant pas assez richement dotées pour se payer cette fastueuse mais bien digne décoration, car l'Eucharistie a droit à tous les honneurs possibles, on se contente parfois d'ajouter au tabernacle une porte d'argent. De ce genre est la porte de rechange qui a été reléguée au trésor, faute d'emploi ou peut-être par crainte des voleurs. Elle porte le millésime 1720 et cette inscription votive :

ORS [1]. IN ANATHEMA OBTVLIT

Le sujet qui décore la plaque centrale représente, en fort relief, S. Thomas d'Aquin, muni d'un triple emblème [2]. L'ostensoir qu'il tient de la gauche rappelle qu'il a composé l'office du Saint-Sacrement; sur sa poitrine étincelle ce soleil radieux de la doctrine avec laquelle il éclaira l'Église entière [3]; enfin l'épée qu'il brandit de la droite le constitue gardien du Sacrement par excellence. Un distique, en précisant ce symbolisme non vulgaire, l'assimile au chérubin chargé par Dieu de veiller à la porte du paradis terrestre où est planté l'arbre de vie [4] :

EX EVANGELII SOLIO CHERVBINVS AQVINAS
VITALEM IGNITO PROTEGIT ENSE CIBVM

[1] Orsinius.

[2] Le P. Cahier, dans ses *Caractéristiques des Saints*, n'a pas un mot sur le soleil, avec la signification que lui donne l'Italie, et sur le glaive flamboyant. Ce livre est fort incomplet pour l'étude des monuments iconographiques de Rome et de toute la Péninsule.

[3] *La Bibliothèque Vaticane*, p. 30.

[4] « Collocavit ante paradisum voluptatis Cherubim et flammeum gladium atque versatilem, ad custodiendam viam ligni vitæ. » (*Genes.*, III, 24.)

19. Je compte six calices ayant le même Orsini pour donateur. Celui de 1727 est en argent, avec les armes, surmontées du chapeau cardinalice, trois fois répétées autour du nœud.

20. Le second se différencie par sa date, qui est l'année suivante.

21. En 1729, Benoît XIII appose son écusson sur un calice d'argent doré, orné de têtes d'anges, un peu baroque de style, mais beau comme art.

22. Des trois autres en argent massif, avec nœud historié et collerette feuillagée à jour autour du pied [1], un seul est à décrire : sur le pied, on voit les apôtres S. Pierre, S. Paul et S. André, ce dernier tenant deux poissons [2] ; au nœud, les trois vertus théologales et à la coupe, les instruments de la passion portés par des anges. Ce symbolisme est topique : ainsi que s'exprime l'Église à l'offertoire et au canon de la messe [3], l'oblation sur l'autel de la sainte victime est un mémorial de sa douloureuse passion ; les vertus mères, qui fortifient l'homme, sont les fruits directs de la grâce eucharistique ; enfin, le collége apostolique, représenté sommairement, montre le sacerdoce institué par le Christ pour continuer l'application du bienfait de la rédemption. Cet ensemble de doctrine fait plaisir à rencontrer quand, partout ailleurs, les artistes du XVIIIe siècle sont si peu chrétiens et si peu préoccupés de la destination des vases liturgiques. Saluons donc au passage ce souffle de vie, inspiré par une sainteté éminente pour qui l'art était aussi un moyen d'atteindre sûrement les âmes.

23. Un plateau en argent repoussé, aux armes du cardinal Orsini. Ces plateaux n'ont pas d'emploi bien déterminé : on peut s'en servir comme bassin d'aiguière ou pour recevoir les offrandes à l'adoration de la croix ; mais plus souvent, lors des pontificaux, ils sont

[1] L'inventaire mentionne un plateau, donné par le cardinal Orsini, qui avait ses armes au milieu et à la dentelure l'effigie de Ste Cécile : « vi e lavorato parimente a spunto per aria S. Cecilia ».

[2] Le P. Cahier omet encore les poissons qui sont l'attribut ordinaire de S. André en Italie.

[3] « Suscipe, sancta Trinitas, hanc oblationem quam tibi offerimus ob memoriam Passionis. » — « Unde et memores, Domine, nos servi tui, sed et plebs tua sancta, ejusdem Christi Filii tui Domini nostri tam beatæ Passionis. »

exhibés sur la crédence, uniquement pour la parade[1]. Ces crédences ainsi ornées produisent toujours grand effet.

24. Autre plateau, d'un beau travail, aux armes du cardinal Arigoni, qui fut archevêque de Bénévent de 1607 à 1616.

25. J'ai copié à la cathédrale de Bénévent sur un bassin en argent, travaillé au repoussé et d'une rare élégance, cette signature qui ne nous révèle malheureusement pas le nom de l'auteur d'une si belle œuvre. Je traduirais la dernière lettre par le mot *Fecit*. Dans le riche trésor donné par Benoît XIII, cette pièce capitale est seule signée, mais beaucoup sont datées.

A · D ·
MDCCXX
N · L · F ·

Ce plateau, que l'inventaire dit travaillé à la chinoise, *ornato alla cinese* (il vaudrait mieux dire en style baroque), pèse huit livres et a coûté 150 ducats.

26. Statuette en argent de Ste Marguerite de Cortone : don du cardinal Arigoni. Elle se distingue à ses deux attributs ordinaires : le chien qui décida de sa conversion et le crucifix, symbole de sa pénitence.

27. Trois vases d'argent, aux armes du cardinal Orsini, pour la conservation des saintes huiles. Ce sont de véritables pots, à grosse panse, anse pour les manier, couvercle vissé et goulot comme aux burettes, pour verser l'huile : le goulot est aussi garni d'un chaperon vissé.

28. Paix en argent, du XVIIe siècle. La poignée porte les armes de Mgr di Bologna qui siégea de 1674 à 1680. Le sujet ciselé sur la plaque représente l'Assomption, S. Barthélemy et S. Janvier.

29. Grand ostensoir en cuivre doré, garni de corail, du prix de 405 ducats. Sa hauteur est de 0,87 c. Il date de 1726 et est assuré-

[1] « Vasa quoque argentea ampla et magnifica, si haberentur, ad ornatum (abaci) adhiberi possent, maxime celebrante aliquo S. R. E. cardinali : sed neque crux, neque sanctorum imagines in ea ponendæ sunt. » (*Cærem. Episcop.*, lib. I, cap. XII, n. 20.)

ment plus curieux que beau, il frappe du moins par sa masse imposante. Le pied est rond, décoré de têtes d'anges et des statuettes des quatre évangélistes assis. La sphère rayonne et ses jets de lumière sont alternativement droits et flamboyants : à l'extrémité, brille une petite marguerite d'émail blanc. Tout autour de l'hostie, des anges expriment leur joie en faisant de la musique.

Le corail est le produit napolitain par excellence [1]. C'est pourquoi on attache un grand prix à cet ostensoir vraiment original. Le corail, travaillé avec art, imite des feuillages et est relié au métal par des fils invisibles.

Comme cet ostensoir serait trop lourd à porter à la main aux processions, on le pose sur un plateau que l'officiant suspend à son cou.

30. Plusieurs reliquaires en cristal de roche, élégamment monté.

31. Plusieurs reliquaires en filigrane d'argent, d'un travail ravissant pour la grâce, la légèreté et le goût. C'est surtout à Gênes que se font ces charmantes œuvres de filigrane, où le fil d'argent, enroulé de mille manières, arrive à produire quelque chose qui ressemble à de la dentelle.

32. S. Janvier, statuette de cuivre doré, qu'entoure une couronne de fleurs d'argent, reproduites au naturel et non selon une forme conventionnelle. Ces couronnes, qui expriment le triomphe, ne font pas mauvais effet ; c'est une invention toute napolitaine. Dans ce pays on ne dédaigne pas la surcharge. L'inventaire cote cette statue au prix de 400 écus.

33. S. Michel terrassant le démon, statuette mouvementée et d'un effet pittoresque.

34. Cassette d'argent doré, où l'orfèvre a montré un talent réel. Le dessin est en application sur le fond. Deux poignées servent à prendre et transporter ce petit meuble, qui doit être un coffret de mariage, fait pour y conserver des bijoux. Rien n'indique une

[1] L'église de S. Marc, à Rome, possède un reliquaire de vermeil qui doit être de la même date que l'ostensoir de Bénévent et qui contient une relique de la Vierge. Il est parsemé de branches de corail, de très-grande dimension : au milieu est figurée la Madone de la Conception, comme on dit en Italie, sculptée dans un bloc de corail, aussi rare par ses proportions que précieux par le travail.

destination religieuse à l'origine, quoique, actuellement, on y voie deux flacons de cristal gravé qui contiennent des reliques.

35. Crosse en argent du cardinal Orsini. A l'intérieur de la volute est assis S. Antonin, paré en évêque et bénissant.

36. Quatre girandoles à quatre branches, en argent : don de Benoît XIII. Elles servent aux expositions du Saint-Sacrement et des reliques.

37. Rose d'or, bénite par Benoît XIII et par lui offerte à la métropole. Le support ressemble à un pied de chandelier et sa forme est triangulaire : il est en argent doré, travaillé au repoussé, avec les armes du donateur sur le nœud. De ce pied saillit un rosier touffu, dont les branches d'or, disposées en rond, se terminent toutes par une rose épanouie. La rose centrale domine toutes les autres : l'intérieur est en manière de capse, mais le musc dont elle fut parfumée et les reliques de la vraie croix qui y furent déposées ont disparu.

Cette pièce d'orfèvrerie coûta 1004 écus, soit plus de cinq mille francs.

Le pape adressa, à cette occasion, le bref suivant, le 9 avril 1725 : « Paternæ charitatis affectus, quo prosequimur metropolitanam ecclesiam Beneventanam, cui in minoribus constituti triginta novem fere annorum spatio præfuimus et adhuc illam de præsenti retinemus, Nos compellit ut grati in eam animi signa demonstrare cupientes, ea illi libenter concedamus quæ ad majorem illius decorem et ornatum, necnon divini cultus incrementum fideliumque ædificationem pertinere dignoscuntur. Motu itaque proprio..... eidem metropolitanæ ecclesiæ Beneventanæ Rosam ex auro conflatam, ex Romanorum Pontificum ritu quarta Quadragesimæ Dominica, cum ad lætitiam et exultationem Nos invitat Ecclesia, a Nobis benedictam, cui parvulam crucem e ligno sanctæ Crucis per sanctam Helenam misso et quod in ecclesia sanctæ crucis in Hierusalem de Urbe religiosissime asservatur, cruci ex christallo montana circumcirca filamentis argenteis inauratis ornatæ inclusam imposuimus, tenore præsentium perpetuo donamus et elargimur. Quæ vero in solemni cærimonia benedictionis Rosæ hujusmodi a Deo precati sumus ut dilectis filiis capitulo et canonicis totique clero et populo civitatis et diœcesis Beneventanæ largiatur, iterum precamur, videlicet ut peccata dimittat, fide repleat, indulgentia foveat, prospera cuncta concedat. Ut autem sacrum hoc munus cum honore, ut par est, suscipiatur, volumus illud dari eidem metropolitanæ ecclesiæ per venerab. fratrem Philippum, episcopum Targen., celebrato in ea sacrosanctæ missæ sacrificio [1]. »

V

Notons à part les objets qui ne sont pas en métal.

38. Une crosse en écaille de tortue, terminée par des têtes d'anges et une volute fleuronnée. L'écaille est encore une des industries du Napolitain, aussi estime-t-on beaucoup à Bénévent cette crosse qui peut avoir du prix comme matière, mais qui n'en a pas autant au point de vue de l'art et de l'effet. C'est là crosse dont se servent les chanoines, quand, par un abus inconcevable, ils officient pontificalement hors de la métropole [2]. Je dis *abus*, car s'ils jouissent des

[1] *Effemeride*, p. 26-29.

[2] Les chanoines de Bénévent ont pour insignes le cordon violet au chapeau, les bas violets, la soutane et la ceinture violettes, la *cappa* violette d'hiver et d'été, plus les pontificaux à l'instar des abbés. La concession date du pontificat de Clément XI et de l'an 1701. Voici quelques passages de la bulle : « Romanus Pontifex in supremo Apostolicæ potestatis throno, disponente Domino, super universas orbis ecclesias constitutus, ad illas præsertim suæ indefessæ mentis aciem convertit, quæ per uberem Christi athletarum eis olim inservientium cruore madefactæ, ad divini Nominis gloriam præ cæteris efflorescunt et ut divinus cultus in eis, ut par est, in dies suscipiat incrementum ecclesiarumque ipsarum majestas magis elucescat, singularis suæ benignitatis clementia, quantum sibi ex alto conceditur, personas in eis famulantium speciosioribus ornamentis et honorum titulis decorare atque illustrare consuevit; aliaque disponit prout, ecclesiarum et personarum earumdem qualitate pensata, conspicit in Domino salubriter expedire. Sane..... cum eorum capitulum sex dignitatibus et uno ac viginti canonicatibus, præter sexdecim mansionarios ac seminarii clericos aliosque circiter octoginta in divinis sedulo subservientes, constans, antiquitate et præeminentiis nulli secundum. trium martyrum palmis ac unius confessoris laurea efflorescere, necnon dignitatum, ac canonicatuum et præbendarum in quatuor ordinariis mensibus electione gaudere, episcopali fere jurisdictione in oppido S. Lupi nullius diœcesis, Beneventanæ seu alterius provinciæ, frui, ac cappis ad instar capituli basilicæ principis apostolorum de Urbe decoratum, aliisque prærogativis ditatum esse, et

pontificaux, ce n'est certainement jamais avec la crosse, qui implique l'idée de juridiction. J'ai retrouvé ce même usage à Bari.

39. Carton d'autel, encadré d'ébène et rehaussé d'or. Il n'y en a qu'un, c'est le carton central, désigné par cette inscription : *O sacrum convivium*. Les prières de la messe y sont écrites à la main sur vélin, avec miniatures dans le goût un peu altéré de l'époque.

40. Boîte à hosties en ivoire, donnée par le cardinal Orsini. Elle est de forme circulaire : au pourtour est imitée une tresse et, sur le couvercle, par allusion aux armoiries du donateur, est sculptée une rose, dont le cœur est formé par un saphir. Œuvre riche et élégante à la fois, destinée à parer la crédence à l'occasion des pontificaux solennels : « capsula cum hostiis » (*Cærem. Episc.*, lib. I, cap. XII, n. 19)[1].

laudabilem in modum ecclesiæ servitio insistere dignoscatur unumque ei mitrarum decus deesse et hoc privilegio nonnullas Neapolitani regni metropolitanas ac etiam cathedrales ecclesias ad præsens frui et gaudere et si capitulum prædictum ejusque dignitates et canonici prædicti hac prærogativa decorarentur, ex hoc profecto non parum in ipsa ecclesia divinus cultus. populi devotio. ac canonicorum spiritualis consolatio augeretur. Quare..... Nos, ..., ex voto Congregationis venerabilium fratrum nostrorum S. R. E. cardinalium super ritibus ecclesiasticis præpositorum, dignitatibus ac canonicis prædictis eorumque in Beneventan. dignitatibus et canonicatibus successoribus, ut tam in civitate quam in diœcesi Beneventan., etiam absente archiepiscopo, in missis, vesperis, ac laudibus solemniter decantandis, ac etiam in processionibus, benedictionibus candelarum, cinerum, palmarum et fontis ac in reliquis ecclesiasticis functionibus in quibus sacra adhibentur paramenta, mitra aliisque indumentis et paramentis tantum ad instar abbatum usum mitræ habentium, uti libere et licite possint ac valeant, apostolica auctoritate perpetuis futuris temporibus concedimus et indulgemus; quodque in suis armis et insigniis mitram apponi facere et addere valeant etiam perpetuo concedimus et indulgemus. » (*Effemerid.*, p. 26-30.)

Le chapitre timbre, en effet, ses armes d'une mitre, mais il y ajoute intempestivement la crosse, puisque la concession pontificale est limitée *indumentis et paramentis tantum* : or la crosse n'est ni un *vêtement* ni un *parement*, mais un insigne, de même que le *faldistorium*, usurpé sans motif.

[1] Au Moyen Age, il y avait aussi des boîtes de métal ou recouvertes de broderies pour conserver les hosties. En voici deux exemples fournis par le *Cartulaire de N.-D. de Paris*.

Le 24 mars 1320, mourut l'archidiacre Girard, qui légua à Notre-Dame de Paris

41. Cassette renfermant un os de S. Laurent. Elle est en nacre, avec pierres fines de Florence. L'inscription la dit un présent de Clément XI : *Pont. opt. max. Clementis XI clementissimi benefactoris munus.*

42. Bâton de confrérie, terminé par une pomme d'argent. La hauteur est de 0,93 c. La hampe est formée d'un roseau ou canne, finement gravé à la pointe : outre les rinceaux qui enveloppent chacun des nœuds, on y voit représentés Jacob bénissant ses enfants, S. Martin coupant son manteau pour en vêtir un pauvre et la conversion de S. Paul. Ces trois sujets historiques surmontent l'inscription suivante, tracée en minuscules et malheureusement effacée en partie :

D. Io(*seph*)
Casi civitatis
Caggi. (*scul*)
pebat die x Iu
lii A(*nno*)
172....

Nous savons donc le nom de l'artiste qui fit cette œuvre de patience : il s'appelait Joseph Casi et était natif de Caggi. La date se réfère à l'épiscopat du cardinal Orsini, qui avait réglementé les confréries, en s'occupant minutieusement de tous les détails de leur costume et de leurs insignes [1].

deux bourses brodées, pour mettre les corporaux et les hosties : « Item, repositoria duo ad corporalia et ad panem, operata cum acu. » (T. IV, p. 34.)

Louis de Beaumont, évêque de Paris, mort le 4 juillet 1492, légua à sa cathédrale : « Item, ung coffre de cuir, ou quel est une chapelle, contenant deux chandelliers, deux burettes, ung lettrain, ung calice et platainne, ung benoistier garny de guypillon, un corporalier garny d'un crucifix, Marie et Jehan en haulte forme, deux bassins à laver mains, une clochete, ung cresmeau, une boette à mettre pain à chanter, garnye d'un esmail d'or, pesant le tout XLV marcs d'argent doré ; item, ung autre coffre de cuir, contenant une autre chapelle... un cresmeau, une bouette pour pain à chanter, tout d'argent doré et armoyé aux armes dudit défunct. » (T. IV, p 102.)

[1] Le plus beau bâton de ce genre que je connaisse appartient, à Rome, à l'avocat Pallottini. Peut-être faut-il ranger dans cette catégorie les deux *cannes* armoriées du musée d'Aix.

VI.

Passons aux ornements, qui sont incontestablement une des merveilles du trésor[1].

43. Les parements du grand autel sont renfermés dans un meuble spécial ; on les glisse entre deux baguettes de bois formant rainure qui les maintient droits. Chacun d'eux, suivant un usage qui n'existe plus nulle part ailleurs, même à Rome, est entouré, en haut et sur les côtés, d'une bande ornée, large de dix centimètres[2].

Parement de velours rouge, décoré de rinceaux en relief ; au milieu une croix, flanquée à droite et à gauche de l'écusson de Benoît XIII. Cet ornement est hors d'usage, car il a été mutilé sur place pour en enlever l'or.

[1] Le cardinal Orsini déclare, dans un décret synodal, qu'il a appliqué à la sacristie et particulièrement aux ornements pour les messes solennelles, les revenus d'une somme de mille ducats léguée par l'archidiacre Farella : « Quos... Paulus Farella, nostræ Ecclesiæ archidiaconus, vita functus... suo testamento... testatus fuit ducatos mille nostro applicandos arbitrio, communi ipsius Ecclesiæ addiximus sacristiæ, ut eorum fructus in sacras pro missis solemnibus vestes... erogentur. » (*Synodic. diœces.*, p. 181.)

En voyant l'incomparable trésor de la métropole, on comprend ce début d'un décret synodal du même cardinal : « Tanta est nostra erga Dei domus decorem, cujus zelo quotidie comedimur, cura et sollicitudo, ut ne soli quidem illius parietum splendori ac pretiosis in ea ministrantium vestibus Nos acquiescere patiatur. » (*Synodic. diœces.*, p. 149.)

[2] « Nullæ coronides ligneæ circa altaris angulos ducantur, sed earum loco apponi poterunt fasciæ, ex auro vel serico elaboratæ ac variegatæ, quibus ipsa altaris facies apte redimita ornatiorque appareat. » (*Cærem. Episcop.*, lib. I, cap. XII, n. 11.)

J'ai signalé des bandes semblables, au Moyen-Age, dans l'*Inventaire de S. Maximin*, qui date de 1504 (*Bullet. archéolog.*, t. VI, p. 228-229). Cet ornement n'étant pas toujours fixe, on pouvait le transporter d'un parement à un autre. Au XVIIe siècle, en France, on avait, pour plus de commodité, simplifié le système. A l'Exposition du Trocadéro, M. Dedos a eu l'attention de mettre en évidence un riche devant d'autel de soie bleue brodée d'or, qui n'est pas postérieur à cette époque. Or ce parement admet deux sortes d'orfrois : le frontal, puis la bande qui monte à droite et à gauche et s'étale au-dessus du frontal. Ce type exceptionnel méritait ici une mention spéciale.

44. Parement de damas violet, aux armes du cardinal Orsini. Le frontal est à fond d'or, avec des pièces de rapport figurant des feuillages noirs et des fruits roses, les uns et les autres rehaussés d'or. Le champ est coupé de galons verticaux.

45. Parement de soie blanche, à larges rinceaux se détachant en relief vigoureux. L'écusson, deux fois répété, de Benoît XIII y escorte la croix centrale, que ce pape déclara obligatoire au milieu même du massif de l'autel : or, comme le parement la recouvrait, il est tout naturel qu'on l'ait reproduite sur l'étoffe. La raison d'être de cette croix se trouve à la fois dans le *Pontifical* qui enseigne que l'autel, c'est le Christ, *altare Christus est*, et dans cette parole de S. Paulin de Nole qui proclame que la croix rappelle le crucifié : « Ubi crux et martyr ibi. »

46. Parement en velours d'Utrecht, d'un violet rouge [1]. Les armoiries du cardinal Orsini [2] occupent les extrémités. Les galons triples indiquent les lés du tissu et montent droit de la robe au frontal.

47. Les ornements complets comprennent tout ce qui est nécessaire à l'officiant, à ses assistants et aux divers membres du chapitre répartis en quatre catégories : aussi il y a des pluviaux pour les dignités, des chasubles pour les prêtres, des dalmatiques pour les diacres et des tuniques pour les sous-diacres. Quand tout le chœur était ainsi paré, l'effet devait être des plus imposants [3].

[1] Le rouge est la vraie nuance du violet, qui correspond à la pourpre des anciens, non le bleu que popularise actuellement l'aniline : en France, le violet-bleu était la couleur reçue aux XVIIe et XVIIIe siècles, ainsi que le témoignent nombre de portraits d'évêques.

[2] En 1598, un parement brodé aux armes par « Jacomo delle Pezze, banderaro », coûtait à Jacques Cenci, qui l'offrait à la Madone *del pianto*, deux cent dix écus. (Bertolotti, *Francesco Cenci*, p. 52.)

[3] Le cardinal Orsini, dans la dédicace de son *Synodicon diœcesanum* au roi Jean V de Portugal, en 1723, assure que la métropole conservait, à la sacristie, un *insigne* présent du pieux monarque : « Æqualis ille regiæ aulæ ac Dei basilicarum nitor : ecclesiasticæ (specimen hujus nobilissimum, insignis in me regiæ tuæ munificentiæ tesseram, mea hæc metropolitana portendit) non minor ac regalis pretiositas supellectilis ». Ce *spécimen très-noble* peut fort bien s'entendre d'un de ces *ornements précieux* qui sont vraiment dignes de la munificence d'un souverain.

Ces pontificaux solennels sont devenus impossibles avec la réduction des chanoines imposée par le gouvernement piémontais.

Ornement en drap d'argent sur lequel courent des rinceaux fleuronnés de corail : genre de broderie insolite, mais qui n'est pas dépourvu d'attrait, surtout pour le peuple napolitain. On s'en sert peu à cause de sa pesanteur [1].

48. Ornement blanc et or, aux armes de Benoît XIII. Les écussons se mettent au bas du dos aux chasubles, dalmatiques et tuniques ; au bas de chaque orfroi, aux pluviaux : telle est encore la pratique romaine qui ne redoute pas cette façon aristocratique de désigner à perpétuité le donateur.

49. Ornement de drap d'or, brodé de fleurs en soies nuancées, aux armes du cardinal Orsini.

50. Autre ornement de Benoît XIII : sur le fond d'argent se détachent d'élégants rinceaux qu'avivent des fleurs de couleur.

Le chapitre attestait sa reconnaissance, en 1724, par la lettre dont voici le début : « Nulla plane præterit hebdomada, in qua Sanctitatis Vestræ cum beneficentiæ, tum benevolentiæ nobis peregregia non offerantur argumenta. Præterita hebdomada, Sanctitas Vestra duobus argenteis simulacris ac plurima supellectile ex holoserico auro texto suam hanc ditavit ecclesiam nosque omnes novis obligationum vinculis arctius devinxit. » (*Raccolta*, p. 22.)

51. Autre ornement du même genre, daté de 1729 et aux armes du cardinal Orsini.

52. Même provenance pour un ornement analogue qu'égaient des tulipes et des œillets : on dirait un parterre fleuri.

53. Ornement d'un effet prodigieux : le fond est un lamé vert et or, que tapissent des rinceaux d'or.

54. Ornement fort original, travaillé par les propres mains de la sœur du cardinal Orsini, dont on y voit les armes. Sur un fond de soie verte est appliqué un point de Venise des plus élégants.

[1] M. Dubus, chasublier à Paris, possède une chasuble du XVIIe siècle, provenant de l'abbaye de Chelles, qui a quelque analogie avec celle-ci. Sur le fond de serge rouge se détachent de gros bouquets faits en perles longues et en perles rondes, le tout de couleur blanche, ce qui donne un poids considérable au vêtement, même pour les yeux peu familiarisés avec de pareilles masses.

55. Deux ornements, don du même archevêque, brodés en or sur étoffe violette lamée d'or.

56. Ornement violet, brodé or et argent : même origine.

57. Ornement offert par Benoît XIII et destiné aux dimanches *Gaudete* et *Lætare*. Sa couleur est un violet rose [1].

La lettre de remercîment du chapitre atteste qu'il fut envoyé en même temps que la rose d'or, en 1725 : « præter etiam sacram supellectilem rosaceam ex holoserico auro texto. » (*Raccolta*, p. 30.)

58. Admirable ornement en brocart rouge étincelant d'or, avec les armes de Benoît XIII.

59. Ornement, aux armes du cardinal Orsini. Il est brodé or sur soie rouge lamée.

60. Chasuble [2] vraiment étonnante, où l'ornementation est faite tout entière à la main, à l'aide d'encre noire, sur un fond de soie blanche. On ne saurait trop louer la main délicate qui a tracé sans broncher de tels ramages avec une simple plume. Le voile mesure en carré 0,74 c. de côté [3]. Les armes des Colonna indiquent un donateur de cette noble famille [4].

Ces dessins se faisaient avec des plumes de cuivre, comme il résulte d'un texte de l'an 1593, cité par M. Bertolotti dans sa brochure *Le tipografie orientali e gli orientalisti a Roma*, page 9 : « Matteo (Nerone, prote à l'imprimerie Médicis) soleva usare il tocca lapis

[1] « Paramenta altaris et celebrantis adhiberi solent aliquanto sumptuosiora, sed coloris violacei, in defectu rosacei. » (*Cær. episc.*, lib. II, cap. XIII, n. 11.)

[2] Pie II, en 1459, avait réservé pour les réparations de la cathédrale la moitié des revenus de la première année de chaque nouveau bénéficier. Le cardinal Orsini laissa le choix aux chanoines, ou de payer cette somme, ou d'offrir quarante ducats qui étaient employés à l'achat d'un calice et d'une chasuble : « De anno 1575..... inter ipsos nostros metropolitanos canonicos conventum fuerit ut quilibet canonicus in futurum creandus et admittendus....., debeat ducatos quadraginta de proprio impendere, nempe viginti pro uno calice et alios viginti pro una planeta cum suis paramentis in servitium dictæ Ecclesiæ. » (*Synod. diœc.*, p. 117.)

[3] A la même époque, à Bénévent, la bourse carrée mesure 0m40 et l'étole donne 0m055 dans sa largeur et 0m09 à l'extrémité élargie.

[4] J'ai relevé dans l'église de Sainte-Barbe, à Rome, au revers d'un parement d'autel, cette inscription qui indique un travail à la plume offert en 1719 par les regrattiers : FATTO CON PENA PAGATA. DA REGATTIERI L'ANNO 1719.

che io gli l'ho visto in mano in una penna di ottone che con esso ho visto ci disegnava le pitture, perche si diletta anco dipingere et fare li globi. » Voici le plus ancien exemple assurément de la plume métallique qui, tant pour *dessiner* que pour tracer les *globes* célestes et cartes géographiques, remplaçait le *crayon usuel*. Des dessins fins et délicats, surtout sur soie, eussent été bien difficilement nets, faits à la plume d'oie qui est encore très en vogue à Rome.

61. Je ne décrirai pas les gants, parce que j'en ai déjà parlé longuement ailleurs [1], mais je ne puis oublier les bas pontificaux et les sandales de Benoît XIII. Les bas, ainsi qu'à Rome, ressemblent à des houseaux et ne prennent pas exactement la forme de la jambe, ce qui est infiniment plus commode pour les mettre au trône pendant le chant de Tierce. Les sandales sont en drap d'argent, brodé d'or, avec une croix de même sur l'empeigne. Le bout est carré et le talon brodé. Il y a quelque chose du type ancien dans l'échancrure du cou-de-pied et les languettes qui se lacent.

62. Plusieurs mitres précieuses datent de l'épiscopat du cardinal Orsini. Elles sont de grande dimension et pesantes à la tête, à cause de la multiplicité des broderies et des pierres précieuses qui les enrichissent [2]. Elles mesurent en hauteur 0,39^c et en largeur 0,30^c ; le fanon, sans la frange, est long de 0,42^c et large de 0,33^c à l'extrémité. Le type du Moyen-Age a été conservé, c'est-à-dire que des deux orfrois qui coupent chaque face, l'un est vertical ou en titre et l'autre horizontal ou en cercle [3]. Le fond est un drap d'argent, car Rome ne connaît pas d'autre couleur pour la mitre que le blanc, pas plus qu'elle n'admet d'autres broderies que celles en or [4]. Si la taille a été haussée, la décoration du moins a été fidèle aux anciennes rubriques.

[1] *Les gants pontificaux*, p. 144-148.

[2] « Una, quæ pretiosa dicitur, quia gemmis et lapidibus pretiosis..... contexta esse solet. » (*Cœrem. Episcop.*, lib. I, cap. XVII, n. 1.)

[3] *La cathédrale d'Anagni*, p. 62.

[4] « Laminis aureis vel argenteis contexta esse solet. » (*Cœrem. Episc.*, lib. I, cap. XVII, n. 1.)

VII.

Les livres liturgiques doivent maintenant appeler notre attention. Je passerai rapidement sur les plus récents [1].

63. Missel du Pape Clément X, ainsi authentiqué par cette inscription commémorative : *Missale Romanum quo in missæ sacrificio quotidie utebatur s. m.* (sacræ memoriæ) *Clemens pp.* x. L'édition est celle d'Anvers, de l'an 1663. La couverture est magnifiquement brodée argent, or et soie.

64. Pontifical de Benoît XIII, édition du Vatican (1726). Pour la commodité de l'officiant, il est divisé en plusieurs volumes, reliés séparément.

65. Autre pontifical, édition d'Urbino (1727), avec les armes de Benoît XIII sur les plats.

66. Epistolier et Evangéliaire, édition de Salvioni, à Rome (1746). Actuellement, on emploie simplement le Missel pour le chant de l'épître et de l'évangile. Benoît XIII, comme à la chapelle Sixtine, trouvait plus correct d'avoir deux livres distincts pour cette double fonction.

67. Missel in-folio, écrit sur vélin en rouge et noir, et ayant servi à la canonisation des SS. Turibe, Jacques de la Marche, Pélerin Laziosi, Jean de la Croix, François de Solano, Louis de Gonzague, Stanislas Kostka et de Ste Agnès de Montepulciano. Cette cérémonie eut lieu sous Benoît XIII à la basilique Vaticane, en 1726 [2].

[1] Benoît XIII, par une fondation spéciale, avait imposé aux chanoines de sa métropole la récitation quotidienne du petit office de la Vierge, usage qui s'est perpétué jusqu'à ce jour.

L'*Ordo divini officii* de la cathédrale de Vence, en 1552, mentionne une récitation analogue : « Item quod subdiaconus et diaconus habeant se reperire semper in principio cujuslibet officii, tam magni quam parvi, ad ponendum libros in pulpito, necnon pro dicendo *Venite exultemus* dicti parvi officii Domine nostre. » — « Item quod domini beneficiati tam precentor quam alii habeant se comperire in parvo officio nostre Domine. » — « Item pariter, quod omnes de ecclesia cujuscumque gradus et conditionis existant in parvo et magno officio beate Virginis Marie dicendo, exceptis lectionibus et laudibus magni officii dicte beate Virginis Marie, habeant semper stare. » (*Bull. monum.*, 1877, p. 615, 616, 617.)

[2] *Della canonizazione dei santi*, p. 75.

Les livres les plus curieux sont les suivants :

68. Frà Bernardino Mancini, de l'ordre des Ermites de S. Augustin, a exécuté en belle calligraphie, en 1710, le volume des *Improperia*, commandé par le cardinal Orsini pour sa cathédrale de Bénévent :

1710
A Fr. [1] *Bernardino Mancini*
Ord. Er. S. Aug. [2].

69. En 1706, il avait déjà calligraphié pour la cathédrale le Propre des saints, noté rouge et noir et peint aux armes du cardinal Orsini : « Proprium Sanctorum, de mandato Emi et Rmi in Xpo Patris et Dni Dni fr. Vincentii Mariæ, ord. præd., card. Ursini, arch. ; completum die xviii septembris MDCCVII a Fr. Bernardino Mancinio, Ord. Erem. S. Augustini. »

70. Un volume de chant, daté de 1688, fut composé en partie et écrit sur papier par Pietro Francesco di Firenze, de l'ordre des frères mineurs. En voici la dédicace en vers et la signature :

Pio peritoq. Cantori
S(criba)
Promittit tibi tandem pars
hæc posterior............

cum off. noviss., quorum cantus fletus hoc tempore fere totus fuit a me compositus, ideo hujus flebilitati in omnibus precor parce reatu.

Nulli parcens labori aut expensis, brevissimo me tandem tempore complevit 1688, *in Parthenopeo Calvaria dedit finem.*

L'ouvrage fut donc achevé rapidement à Naples, dans la maison du Calvaire.

In personam Scriptoris
P. Petrus Franc^s. de Flo-
rentia Minorita canebat
Suscipias triplici divisa volumine vota
Ut reboet vocum dulce per astra melos

[1] *Fratre.*
[2] *Ordinis Eremitarum Sancti Augustini.*

Cette mélodie douce a cessé d'exister à la cathédrale de Bénévent, où l'on chante assez mal. Benoît XIII n'eût pas toléré pareille négligence et s'il faisait exécuter de beaux livres, il tenait aussi à ce qu'on en fît bon usage.

71. Frà Stefano, de Vérone, mineur aussi lui, a signé à la première lettre d'un autre volume :

1688 *frater Stepha(nus) Veronensis, ordin. Minor., scrip. Neapoli.*

Aussitôt, il ajoutait au-dessous ses armes : un arbre, avec deux étoiles et, en chef, l'écusson des franciscains ; autour, la corde de S. François. Il s'excuse humblement des fautes involontaires qu'il a pu commettre.

Ceterum erroribus, si qui sunt, parce, precor, utpote involontariis. Diu vive et vale.

72. Le même religieux reparaît encore deux fois [1] :

min. minim. scrib. an. 1688

Sur un autre volume, il atteste son humilité :

Ut mihi misero, inopi hoc opere
Longi laboris, maximo in munere
Suam solam gratiam dignetur dare
F. Steph. ex Ins. Veron. Min. obs.
iussu scripsit et affectu cecinit.

Le cœur a dirigé la main et la plume s'est faite l'écho de la voix.

73. Un autre volume, meilleur que le précédent et le suivant, fut exécuté en 1706 par un servite, Jacques Gensini, de Florence : *Com-*

[1] Je profite de l'occasion pour signaler deux autres calligraphes inconnus dont j'ai rencontré les œuvres à Bénévent et que je me plais à tirer de l'oubli.

Le chanoine Vincent de Vita a signé en tête de l'*Inventaire des biens du chapitre* (1690), orné de traits de plume élégants et bien écrit comme calligraphie :

D. Vincentius Canon. de Vita secretarius Pingebat.

Cet inventaire m'a été montré avec orgueil aux archives métropolitaines de Bénévent par un membre de la même famille, l'archiviste Don Nicolas Colle de Vita.

Gilbert Pasca a peint à l'aquarelle, fort élégamment, la première page de la *Platea* des biens de la mense archiépiscopale de Bénévent. Il y a représenté un motif d'architecture, avec une vigne. Le volume est tout entier en papier et date de l'an 1700.

Giliberto Pasca f.

pletum die XVII *januarii* MDCCVI, qui, dès 1703, avait écrit le commun des saints : *Commune Sanctorum, completum die* XXX *julii* MDCCIII *a fr. Jacobo Gensini Florent., Ord. Serv. B. M. V.*

Le cardinal Orsini, dans son *Synodicon* (pag. 30), parle ainsi des manuscrits choraux : « Nous confirmons cette règle du chant et de la récitation alternativement, comme souverainement louable, et nous ordonnons qu'on l'observe toujours. Dans ce but nous avons fait écrire noblement et noter trois gros livres pour les matines, à grands frais de notre part, parce que nous ne pouvions en trouver d'imprimés et nous les avons assignés au chœur de notre sainte église métropolitaine. »

Le même archevêque, dans son 21e synode, fit un décret relativement au don et à la conservation des trois manuscrits exécutés à ses frais : « Augustissimum Dei nomen, ineffabilibus angelorum studiis celebrandum, ut in ecclesiæ nostro choro pro posse laudaretur, in III diœcesana nostra synodo, antiquam nedum divina cum cantu officia persolvendi normam et consuetudinem probavimus, at insuper qui pro matutinis cantandis desiderabantur, chorales libros in tribus illico Claudianæ chartæ voluminibus perita manu excribendos (impressi enim non inveniebantur) curavimus et eidem choro addiximus. Eosdem tres libros, cantorum magis manibus quam temporis edacitate jam fere consumptos, de mandato nuper nostro, vel auctos, vel correctos, methodo et forma meliori in membranis seu pergamenis chartis typis exemplatos voluimus : et sine parcimonia absolutos, pelle baculina coopertos, fibulis et clavis ex aurichalco vel ad ornatum munitos, pro ipsius chori servitio assignavimus. Quamobrem bibliothecarii erit, cui ex ecclesiæ nostræ capitularibus hoc onus incumbit istorum aliorumque chori librorum sollicitam curam gerere atque illos, cum opus fuerit, immediate reficere, ne illud pro eo tantum currat Salomonicum (Eccl. III, 7) *tempus scindendi et tempus consuendi* non currat. Mansionariorum autem erit, ejus scilicet qui primus reperietur in fine chori, ne libri prædicti per diem in legilibus vel sedibus prostent, sed, expletis officiis, suo, per quem pertinet, ad hoc deputato armario reponantur [1]. » On ne peut être plus soigneux jusque dans les moindres détails.

[1] *Synodic. diœces.*, p. 150.

VIII.

La sacristie de la métropole possède une grande vasque de cuivre, ornée de godrons et posée sur un pied de fer découpé en trèfle, à la manière de certains chandeliers funèbres des églises de Rome. Le style indique le XVIe siècle. Je signale cet objet, parce que je ne lui en connais pas d'analogue, au moins avec la destination d'y faire l'eau bénite. Tel est, en effet, l'usage de cet ustensile, au moins depuis Benoît XIII, car il est possible qu'antérieurement il servît de *brasero* : or j'en ai rencontré un de ce genre dans la sacristie de Sainte-Marie du Peuple, à Rome.

Le Rituel romain de Paul V, inséra, à la fin, la formule de la bénédiction solennelle de l'eau, la veille de l'Epiphanie au soir. Il ne l'imposa pas, mais il l'autorisa partout où elle existait déjà. Benoît XIV, dans la révision du Rituel, la supprima ; probablement était-elle déjà tombée universellement en désuétude. Toujours est-il qu'actuellement elle est prohibée et une récente discussion, qui eut lieu devant la Sacrée Congrégation des rites, montre qu'elle ne se maintint plus à Rome, dans les églises des Stigmates et de St-André *della valle*, qu'en vertu de la coutume.

Le cardinal Orsini semble avoir introduit ce rite dans son diocèse de Bénévent, en se fondant sur le Rituel. Aussi dans un de ses synodes enjoignit-il à la métropole et aux collégiales d'imiter en cela la république de Venise, qui attachait une grande importance à cette eau exceptionnelle, parce qu'elle était employée en cas de sorcellerie, de magie et de sortilége.

A cette occasion, il fit imprimer un placard, suivant son habitude, afin qu'on pût l'afficher dans les sacristies. Ce placard est en italien et à deux colonnes : il exalte les vertus de cette eau de l'Epiphanie, qui entre autres propriétés, a celle de ne jamais se corrompre [1], dit-

[1] S. Jean Chrysostome dit que la vertu de l'eau, bénite solennellement le jour de l'Epiphanie, était telle qu'elle pouvait se conserver plusieurs années sans se corrompre : « Manifestum etiam fit hujus rei et efficax signum, dum temporis diuturnitate istarum aquarum natura non corrumpitur; sed ad annum integrum, imo ad duos, vel etiam tres annos aqua hodie hausta, incorrupta et recens manet, et post tam longum tempus altera, recens ex fontibus hausta, aqua non est deterior. »

il. Je n'ai pu me le procurer à Bénévent, car il n'en reste pas un exemplaire. Je n'en connais qu'un seul que j'ai vu en 1856, dans la sacristie du Saint-Nom de Marie, place Trajane, à Rome. Sa longueur m'a empêché alors de le copier : je le regrette maintenant, car ce document a une haute valeur, rapproché du décret synodal que voici et auquel il donne sa raison d'être d'après la théologie, la tradition et la liturgie :

« Ut nonnullæ sacræ functiones, quæ non in omnibus ecclesiis ob competentis clericorum numeri defectum compleri possunt, in aliquibus saltem persolvantur, in nostra metropolitana et in collegiatis ecclesiis nostræ civitatis et diœcesis, aquæ benedictionem, novissimo Rituali romano additam, post vigiliæ Epiphaniæ completorium faciendam, quæ in universo serenissimo Venetorum dominio, magno populi concursu celebratur, quamque vulgus l'*acqua contro le berole* appellat, quia in striges, veneficos et magas inque phantasmata et dæmonum illusiones eam potentem (prout ex ipsis orationibus constat) experti sunt, nullum canonicale collegium stato ritu perficere prætermittat : quam aquam sic benedictam, ubi ejus efficaciam explanaverint, populo tandem impertiantur [1]. »

Cette eau, qui se bénit avec solennité, est faite pour distribuer au peuple qui la garde dévotement à domicile pour ses besoins spirituels et temporels. Elle a d'abord la vertu propre que lui attribue l'Église dans ses prières spéciales et de plus elle est un souvenir direct du baptême du Christ, dont l'Église fait mémoire dans l'office de l'Epiphanie. Dans l'hymne des premières vêpres, il est dit, en effet :

« Lavacra puri gurgitis
Cœlestis Agnus attigit :
Peccata quæ non detulit
Nos abluendo sustulit. »

La seconde antienne du premier nocturne y fait allusion : « Fluminis impetus lætificat, alleluia, civitatem Dei, alleluia » ; de même la quatrième de laudes : « Maria et flumina, benedicite Domino : hymanus dicite, fontes, Domino, alleluia. »

[1] *Synodic. diœces.*, p. 147.

Mais le premier répons du premier nocturne est plus explicite encore : « Hodie, in Jordane baptizato Domino, aperti sunt cœli. » L'antienne du *Benedictus* revient sur ce même fait évangélique : « Hodie cœlesti sponso juncta est Ecclesia, quoniam in Jordane lavit Christus ejus crimina », qu'atteste aussi, aux secondes vêpres, l'antienne du *Magnificat :* « Hodie in Jordane Christus baptizari voluit, ut salvaret nos, alleluia. »

L'addition de l'*Alleluia*, à la suite des versets liturgiques, est un signe de joie spirituelle, car l'Église dès lors est unie au Christ et purifiée de ses péchés. Or le baptême met en fuite le démon et écarte son influence perverse. Il n'est donc pas étonnant que l'Église établisse, le jour où elle est victorieuse et libre, un rapprochement entre le texte sacré et l'eau qui rappelle le baptême du Sauveur, attachant à cette eau la vertu plus particulière de chasser le démon en dehors de l'administration du Sacrement, ou même de préserver l'âme de son atteinte funeste.

IX.

De 1686 à 1723, le cardinal Orsini fit la récognition des reliques de la cathédrale et de l'archidiocèse de Bénévent. Il en publia plus tard l'inventaire dans le *Synodicon diœcesanum*, auquel j'emprunte les extraits suivants, car il n'y a pas intérêt majeur à donner ici les 145 articles qui se réfèrent exclusivement à la métropole [1]. Je me contenterai des plus saillants : Une dent de Ste Agathe, un morceau de la *cappa* de S. Antonin, archevêque de Florence ; un fragment du crâne de S. Basile, un bras du pape S. Caius, des entrailles de S. Charles

[1] Le cardinal Orsini, dans un décret synodal, reconnaît que les reliques qui enrichissent la métropole y ont été apportées par les princes Lombards et miraculeusement préservées lors du tremblement de terre qui ruina la ville : « Quod de Christo Domino evangelicus propheta prædixit : *Et erit sepulchrum ejus gloriosum*, de ejusdem Christi Jesu apostoli, martyrum, confessorum et virginum sepulchris, quibus civitas nostra, Serenissimorum principum Longobardorum pietate munita et decorata existit, comprobatum quoque conspeximus : nam in ingenti superioris anni terræ motus ruina sepulchra ipsa integra et gloriosa reperta sunt. » (*Synod. diœc.*, p. 168.)

Borromée et une éponge imbibée de son sang ; un morceau de la chemise, du vêtement et de la coiffe de la bienheureuse Claire de Montefalco, ainsi que son voile ; une page du bréviaire de S. Dominique ; le corps de S. Donat, évêque et martyr ; des cheveux et des fragments d'ossements de Ste Firmine, vierge et martyre de Rome ; un peu de toile teinte du sang de S. François d'Assise, des morceaux de chair de S. François de Sales, des ossements et du sang de S. Longin martyr ; le chef de S. Loup, évêque de Troyes et confesseur ; le corps et une grande quantité de sang coagulé de S. Pantaléon martyr ; un morceau des vêtements de S. Pierre d'Alcantara, ainsi que de S. Pie V ; un voile qui recouvrit le corps de Ste Rose de Viterbe ; la plus grande partie des corps des sept frères martyrs, fils de Ste Félicité ; trois morceaux d'ossements distincts des SS. Sidrach, Misach et Abdenago, les trois jeunes hébreux jetés dans la fournaise par Nabuchodonosor ; deux os du bras de S. Etienne.

Parmi les reliques de nos saints français, notons : à la cathédrale, deux morceaux d'ossements de S. Albert le Grand, (page 610 du *Synodicon*); un petit fragment d'os de S. Jean-François Régis (p. 615); *idem* de S. Martin, évêque et confesseur (p. 616) ; *idem* de S. Maur, abbé (p. 617) ; deux morceaux d'os réunis de S. Roch, conf. (p. 618); au séminaire, cendres de S. Martin (p. 620) ; à Sainte-Catherine, « un ferro ritorto di S. Lionardo confessore » (p. 621) ; à Sainte-Sophie, plusieurs petits fragments d'ossements de S. Brice, évêque et confesseur (p. 622) ; un morceau du crâne, de la côte et autres fragments de S. Denis, martyr, mêlés à ceux des SS. Rustique et Eleuthère martyrs (p. 623) ; plusieurs morceaux d'ossements et fragments de S. Hilaire, évêque et confesseur (*ibid.*) ; un fragment de côte, autres petits ossements et fragments de S. Lazare, évêque et conf. (p. 624) ; un os du bras et autres petits fragments d'os de S. Loup, év. et conf. (*ibid.*) ; un morceau de l'épaule et autres fragments d'ossements de S. Martin (*ibid.*); trois morceaux de côtes et autres fragments de S. Rémy, évêq. et conf. (p. 625) ; à St-Laurent, un petit ossement de S. Martin (p. 626) ; à St-Augustin, des cendres de S. Loup (p. 627) ; chez les Jésuites, ossements et fragments de S. Martin (p. 629) ; à St-Pierre, deux petits fragments d'os de S. Loup (p. 632) et fragments de S. Martin (*ibid.*) ; à St-Victorin, un *ossetto* de S. Bernard (p. 633), *ossetti* de S. Denis (p. 634), *ossetto* de S. Lazare (p. 634), *ossetti e frammenti* de S. Léonard (*ibid.*), *frammenti e ceneri* de S. Louis, roi (p. 635), *ossetto* de S. Loup (*ibid.*), *frammenti* de S. Martin (*ibid.*); à Ceppaloni, « un pezzetto d'osso » de S. Loup et « un pezzo d'osso » de S. Martin (p. 640), « sei pezzetti d'osso » de S. Maur (*ibid.*); à Cercello, « due pezzi di costa » de S. Denis (p. 641); à Jelsi, « un osso di giuntura » de S. Remi (p. 649); à Limusani, « un poco di velo » de S. Martin (p. 651); à Matrice, « un pezzetto d'osso » de S. Martin (p. 652); à Paduli, « un pezzetto d'osso » du même (p. 665); à Rotondi, « pezzetto d'osso » de S. Martin » (p. 670); à Torrecuso, « pezzo d'osso del braccio » de S. Loup (p. 682).

X.

Un trésor, aussi bien pourvu que celui de Bénévent, devait être à l'abri de toute déprédation ou négligence. Aussi le cardinal Orsini en avait-il confié la garde à un chanoine, qui prenait le titre de *trésorier* et était la cinquième dignité du chapitre. Cela ne suffisait pas encore : outre cette intendance générale, il voulut, avec beaucoup de raison, que cette garde fût plus immédiate et continue, aussi exigea-t-il qu'un clerc se tînt toute la journée au trésor et que même il y passât la nuit, comme cela se pratique encore à Aix-la-Chapelle. Plus tard, au 33ᵉ synode, il fournit lui-même à son entretien par la constitution d'un capital de 500 ducats.

Voici le texte du *Synodicon diœcesanum* qui nous renseigne exactement sur cette triple mesure si utile et si efficace :

« Quod ad nostræ spectat ecclesiæ thesaurarium, ut sacra scilicet vasa, vestes et altarium ornamenta custodiat, eorumque munditiæ nitorique incumbat et præbendæ redditibus sarta tecta conservet, pro sui ille muneris exequatur officio : primi Nos idcirco concilii provincialis Sabellii nostrique etiam primi, hoc titulo, constitutiones quæque a Nobis insuper in ejusdem ecclesiæ capitularibus statuta fuere, innovamus. Id autem solicitudine quatenus impleat promptiori, clerico illum indigere novimus coadjutore, assidue qui pro custodia in gazophylacio ipso, suo jam cubiculo in remotiori latere instructo, diu noctuque permaneat et tum archiepiscopo, semper ac opus fuerit, tum ecclesiæ necessaria præbeat ac restituta suo inde loco componat. Præbendæ igitur ac pro tempore existenti thesaurario opportune super hoc Nos providere cupientes, quingentorum ipsis ducatorum capitale donavimus, quorum fructus coadjutori prædicto addiximus, conditionibus in instrumento expressis [1]. »

Dans les statuts du chapitre, rédigés en 1695, on lit les articles suivants :

« L'office du trésorier est de garder et d'avoir exactement soin des vases et vêtements sacrés et de tous les ornements de l'église et du maître-autel.

« Il doit, en raison de sa prébende, faire seulement réparer les ornements qui commencent à se déchirer et raccommoder les vases sacrés qui ont besoin de réparation ; tenir toutes choses propres et nettes et ne pas laisser manquer des susdits objets, selon la teneur des constitutions synodales du cardinal Savelli de l'an 1597 ; déclarant qu'il n'est pas tenu à faire des objets neufs, en raison des faibles revenus de sa prébende.

« Il ne permettra pas qu'il entre au trésor autre personne que les ministres qui doivent prendre les ornements sacrés.

« Il ne peut ni ne doit prêter hors de la métropole aucun des objets confiés à sa garde et s'il en prête pour un usage profane, il encourra l'excommunication *latæ sententiæ*, réservée à l'archevêque [2]. »

[1] *Synod. diœc.*, p. 37.

[2] *Synod. diœc.*, p. 10-11.

Arras. — Imprimerie de la Société du Pas-de-Calais.
P.-M. Laroche, Directeur.

REVUE DE L'ART CHRÉTIEN

ORGANE DE LA SOCIÉTÉ DE SAINT-JEAN

RECUEIL TRIMESTRIEL

D'ARCHÉOLOGIE RELIGIEUSE

Dirigé par M. l'Abbé J. CORBLET

1857-1879

Les 26 premiers volumes de la *Revue* contiennent des articles signés de :

MMgrs Barbier de Montault, Bartolini, Chaillot, Gaume. — MM. les abbés Arbellot, Auber, Franz Bock, Bouillet, Canéto, Charles, Chauffier, Cochet, Corblet, Daux, Davin, Dehaisnes, Delvigne, Didiot, Gareiso, Giraud, Jouve, Pardiac, Pelletier, Poulbrière, Tapin, Van Drival. — Les RR. PP. Dom Bérengier, Cahier, Dom Chamard, Dassy, Germer-Durand, Dom Guéranger, Martinov, Dom Piolin, Dom Plaine, Dom Pothier, Dom Renon. — Mme Félicie d'Ayzac. — MM. Anatole et Edouard de Barthélemy, Boissin, Bordeaux, de Boyer de Sainte-Suzanne, Ernest Breton, duc de Brissac, Cartier, Cattois, Cavrois, Félix Clément, Deschamps de Pas, Dramard, Drouyn, Dupré, Léon Gautier, Gomart, Grésy, Grimouard de Saint-Laurent, Guénebault, Hippeau, Claudius Lavergne, Edm. Le Blant, Lecocq, Lejeune, de Linas, Ch. Lucas, de Marsy, Peigné-Delacourt, Petit, Piesse, J.-M. Richard, Rohault de Fleury, de Saint-Andéol, A. Saint-Paul, Salmon, Schaepkens, Schayes, Schmidt, Soyez, Thibaud, de Waziers, etc.

SEIZE CENTS PLANCHES & BOIS.

La *Revue* est publiée en quatre livraisons trimestrielles grand in-8° de plus de 250 pages chacune, ornées de gravures sur cuivre, sur pierre et sur bois, en texte et hors texte, et forme deux volumes par an.

On s'abonne à Paris, chez MM. PILLET et DUMOULIN, rue des Grands-Augustins, 5 ; à Arras, chez M. LAROCHE, imprimeur, rue d'Amiens, 41 et 43 ; à Versailles, chez M. le chanoine CORBLET, rue Saint-Louis, 13.

Prix : 20 francs par an

(La table des matières des 24 premiers volumes est envoyée FRANCO *aux personnes qui en font la demande au Directeur de l'Imprimerie du Pas-de-Calais, à Arras.)*

Arras. — Imprimerie de la Société du Pas-de-Calais.
P.-M. LAROCHE, directeur.

www.ingramcontent.com/pod-product-compliance
Ingram Content Group UK Ltd.
Pitfield, Milton Keynes, MK11 3LW, UK
UKHW012118240726
13965UKWH00005B/1825

9 782013 053181